# Marina Campos

# É POSSÍVEL

## Cultive a vida em alta performance

Literare Books
INTERNATIONAL
BRASIL · EUROPA · USA · JAPÃO

Copyright © 2019 by Literare Books International.
Todos os direitos desta edição são reservados à Literare Books International.

**Presidente:**
Mauricio Sita

**Vice-presidente:**
Alessandra Ksenhuck

**Capa:**
Paulo Gallian

**Diagramação:**
Gabriel Uchima e Paulo Gallian

**Revisão de texto:**
Rodrigo Rainho

**Diretora de projetos:**
Gleide Santos

**Diretora executiva:**
Julyana Rosa

**Relacionamento com o cliente:**
Claudia Pires

**Impressão:**
Noschang

---

Dados Internacionais de Catalogação na Publicação (CIP)
(eDOC BRASIL, Belo Horizonte/MG)

C198e   Campos, Marina.
     É possível? / Marina Campos. – São Paulo, SP: Literare Books International, 2019.
     14 x 21 cm

     ISBN 978-85-9455-244-0

     1. Autorrealização. 2. Competências comportamentais – Desenvolvimento. 3. Sucesso nos negócios. I. Título.

CDD 658.4

**Elaborado por Maurício Amormino Júnior – CRB6/2422**

---

Literare Books International
Rua Antônio Augusto Covello, 472 – Vila Mariana – São Paulo, SP.
CEP 01550-060
Fone/fax: (0**11) 2659-0968
site: www.literarebooks.com.br
e-mail: contato@literarebooks.com.br

# Sumário

Cultivar a alta *performance* ............... 5

A história da minha história ............ 13

Capítulo 1: Entender as emoções ............... 31

Capítulo 2: *Mindfulness* ............... 41

Capítulo 3: Propósito ............... 55

Capítulo 4: Gestão do tempo ............... 63

Capítulo 5: Atenção ............... 73

Capítulo 6: Protagonismo ............... 81

Capítulo 7: Conexão com os outros ........... 87

Capítulo 8: Aceitar as mudanças ............... 95

Capítulo 9: Vulnerabilidade ............... 101

Capítulo 10: É possível ............... 111

# Cultivar a alta *performance*

**Marina Campos**

"Você é aquilo que repetidamente faz. Excelência não é um evento. Excelência é um hábito."

(Aristóteles)

A o iniciar este livro, proponho ao leitor o destaque dos termos "cultivar" e "alta *performance*", apresentados no título.

Cultivar significa dedicar-se a algo ou a alguém, significa um processo, significa cuidar de alguma coisa ou de alguém. É um termo muito utilizado na agricultura, uma vez que quando se deseja que uma planta cresça, é necessário um solo bem preparado, um clima adequado, quantidade de água na dose certa, iluminação correta,

# É possível?

para que, então, a semente ali plantada possa germinar, brotar, crescer, se transformar, florescer ou dar frutos.

Não é um processo rápido. Não ocorre de uma hora para outra. Exige paciência, dedicação, cultivo. Assim acontece com as competências comportamentais e com os pilares da inteligência emocional, que serão apresentados no decorrer deste livro. Para que sejam desenvolvidos, precisam, primeiramente, ser identificados, para aí, sim, serem cultivados.

É necessário, portanto, entender que "cultivar" é um processo de planejamento, de entrega e de cuidado. Não é um processo com resultados imediatos, como tomar um comprimido, comprado em uma farmácia, por exemplo, para eliminar uma dor de cabeça. O grande convite deste livro é aproximar você de você mesmo, por meio do conhecimento sobre a inteligência emocional, essa importante ferramenta que vem sendo muito utilizada atualmente nos processos de gestão de pessoas.

Descobertas recentes da neurociência

**Marina Campos**

nos apresentaram a neuroplasticidade, isto é, a capacidade de mudar "caminhos" até então percorridos pelo nosso cérebro. Não podemos mais, portanto, usar a desculpa de que "eu não posso e não consigo mudar, pois sempre fui assim"...

Atualmente, sabe-se que, por meio de treino, podemos desenvolver essas habilidades tão desejadas, conhecidas como competências comportamentais (do inglês "*soft skills*"). Entretanto, não se trata de um processo fácil e, muito menos, rápido. Por isso, a palavra "cultivar" é utilizada no início deste livro. Semelhante ao que passa com os músculos do nosso corpo com as práticas de exercícios físicos, ocorre com a inteligência emocional e as competências comportamentais. Em muitos de seus livros, Daniel Goleman diz que nosso cérebro é como se fosse um músculo e pode, portanto, ser treinado e desenvolvido.

Gostaria, também, de ressignificar o termo "*alta performance*". Um termo, que sempre que é utilizado, traz a ideia de trabalho, cumprimento de prazos, alcance

# É possível?

de metas e produtividade. Neste livro, o termo "alta *performance*" servirá para nos referirmos à vida. Pois é na nossa vida que devemos ter um elevado nível de alta *performance* e de bem-estar.

É com a nossa vida que devemos nos preocupar em desenvolver, construir e cultivar uma excelente conexão conosco e com os outros, para que aí, sim, como consequência, possamos virar excelentes profissionais. Ao nos transformarmos em seres humanos com alta *performance*, certamente nos tornaremos também excelentes pais, mães, filhos, amigos e profissionais.

Isso me faz lembrar um trecho do livro *Self-Compassion*, de Kristin Neff, que diz que assim como nos avisos de avião, "se faltar oxigênio, máscaras cairão sobre suas cabeças, coloque primeiro em você e depois na pessoa do seu lado". Ou seja, se não cuidarmos de nós mesmos, nunca teremos condições de cuidar das outras pessoas. Por isso, torna-se tão importante esse processo do cultivo da alta *performance* na nossa própria vida, para que possamos nos tornar excelentes seres humanos, conhecendo e nos tornando íntimos das nossas emoções, sentimentos, desejos e limitações.

É possível fazer uma comparação com as ferramentas utilizadas na gestão de uma empresa. Poderia dizer que é como se estivéssemos fazendo uma análise da "Matriz SWOT" da nossa própria vida, analisando e estudando as nossas forças, nossas fraquezas, as oportunidades e as ameaças. "SWOT" é a sigla dos termos ingleses "**Strengths**" (Forças), "**Weaknesses**" (Fraquezas), "**Opportunities**" (Oportunidades) e "**Threats**" (Ameaças), que consiste em uma ferramenta de análise bastante popular no âmbito empresarial. Cultivar a alta *performance* é, portanto, mergulhar em si mesmo. Tornar-se íntimo de quem você é. Conhecer-se e conectar-se consigo. Compreender os caminhos que a sua mente e seu coração percorrem.

# A história da minha história

## Marina Campos

"Se cheguei até aqui foi porque me apoiei no ombro de gigantes."
(Isaac Newton)

Uma das minhas melhores lembranças da infância foi a sala de aula. Mas não a sala de aula como aluna da pré-escola, assim chamada na minha época, mas a sala de aula da universidade. Sim, desde os cinco anos de idade, lá estava eu, assistindo aula em uma universidade, com nada menos do que a melhor professora do mundo: minha mãe.

Vê-la e ouvi-la, linda, forte e decidida, desde que eu era tão nova e mesmo sendo um assunto que eu não entendia, foi para mim uma grande experiência, talvez

# É possível?

uma das minhas principais fontes de motivação e inspiração. Algumas vezes eu preferia ficar desenhando nas folhas de prova, em outras, separando o giz pelas cores, mas sempre prestando atenção nela, na sua postura forte e intensa. Sua voz parecia preencher toda a sala de aula e soava, aos meus ouvidos, como uma música, que eu gostava muito de ouvir.

Assim, desde muito nova, já sabia que era exatamente aquilo que eu queria fazer quando eu fosse "adulta". Nunca quis, durante minha infância, ser cantora, ser artista, ser policial. Sempre quis, desde sempre, ser, assim como ela, professora. Apenas mais tarde, aprendi que o nome disso era propósito e que ali, como em uma brincadeira de criança, eu já estava construindo o meu.

Aos 15 anos, comecei a trabalhar na empresa do meu pai, o Laboratório Sancet. Comecei como recepcionista e com serviços de banco. Durante essa fase da minha vida, eu tinha muita vontade de conhecer, poder entrar e "andar"

## Marina Campos

pelo departamento técnico. Mas meu pai, muito visionário como sempre foi, me dizia que eu só poderia entrar naquela sala cheia de equipamentos quando eu estivesse cursando uma faculdade.

Isso me ajudou muito a tomar uma importante decisão na vida. Fazer Faculdade de Biomedicina na Universidade de Mogi das Cruzes, no período da noite, para poder realizar estágio, no tão desejado setor técnico, durante o dia. E foi assim que aconteceu. Foram cinco anos cursando a faculdade no período da noite e fazendo estágio no Sancet durante o dia. Aprendi muito.

No segundo ano de faculdade, eu, que gostava muito das disciplinas todas, resolvi ser monitora de uma disciplina chamada Citologia, Histologia e Embriologia com o professor Francisco Benedito Kuchinski, muito querido e admirado por todos, conhecido carinhosamente pelo apelido de Kiko. Durante a terceira ou quarta aula em que o acompanhava, como monitora, na turma da tarde,

# É possível?

uma secretária da universidade bateu à porta, entrou na sala e disse ao professor que ele havia recebido uma ligação urgente, pelo telefone da instituição, pois naquela época não existiam celulares.

Naquele momento, e sem titubear, o professor olhou para mim ali sentada, atenta, interessada em cada palavra dele durante a aula, e disse: "Monitora, faça o favor de continuar a aula aqui de onde parei, vou lá atender à ligação e já volto". Foi então que tive duas opções, sair correndo ou me levantar e continuar a aula de onde ele parou, assim como ele havia me pedido. E essa foi a minha escolha. Absolutamente nervosa, mas contente, sentindo-me preparada, foi o que fiz. Peguei meu livro, coloquei-o na mesa e comecei a falar o que eu sabia sobre aquele assunto que estava sendo ensinado.

Naquela hora, eu entendi o que era estar verdadeiramente conectada ao meu propósito de vida. Ainda não conhecia o significado de propósito. Tinha apenas uma vontade imensa de que aquele

**Marina Campos**

momento não acabasse. Estava diante de uma sala de aula de mais ou menos sessenta pessoas, todas interessadas naquilo que eu estava falando, ensinando, compartilhando. Resumindo essa parte da história, é claro que o professor percebeu o meu entusiasmo quando retornou da ligação. Ao entrar na sala, ele apenas sentou-se e permaneceu ali, assim como os outros, apenas me ouvindo.

Não preciso nem detalhar aqui que participei ativamente como monitora nessa disciplina e depois em outra e mais outra, até que chegou o último ano da faculdade. Foi quando me dei conta de que, se realmente aquela era minha vontade, a de me tornar uma professora, ser apenas uma excelente monitora nas disciplinas não seria suficiente para virar uma contratada da universidade. Percebi, naquele momento, que, sim, aquele sonho de ser professora era absolutamente possível, mas que não iria ser fácil, iria me dar trabalho, iria exigir de mim uma dedicação e um empenho além daquele até então, de forma tão prazerosa, realizado.

# É possível?

Foi, então, que percebi que, infelizmente, permanecer na minha zona de conforto, morando na minha tão amada cidade, Mogi das Cruzes, na casa dos meus pais, comendo a comidinha da minha avó Odette, não bastaria mais. Para alcançar meu objetivo de me tornar uma professora, eu precisava ir além. E foi assim que fui parar na Universidade de São Paulo e comecei uma longa, difícil e intensa jornada como pesquisadora. Sabia que não seria fácil, mas não imaginava que seria tão difícil como foi.

Da iniciação científica até o término do meu doutorado foram sete anos. Sete anos onde eu não era mais a filha do dono da empresa ou a filha da melhor professora da faculdade, eu era apenas a Marina. Por um lado, doía muito, mas, por outro, me fazia crescer, amadurecer e fortalecer.

No último ano do doutorado, me aproximei um pouco mais do meu propósito de vida, quando fui acometida por um episódio de síndrome do pânico.

## Marina Campos

Algo que parecia tão distante, naquele momento estava tão perto de mim. Não era mais com um amigo, com um conhecido, era comigo. Mas digo sempre que, naquele momento, entendi o significado da frase "cair pra cima".

Entendi que, definitivamente, eu não conhecia o meu corpo, não conhecia minha mente, não me conhecia. Não tinha a menor ideia dos meus limites, não tinha noção nenhuma das coisas que me faziam bem, e daquelas que não faziam.

Por isso foi tão importante, eu chamaria de um renascimento, meu episódio da síndrome do pânico. Naquele momento, ficou muito claro para mim que ou eu aprendia a me conhecer mais e ter, assim, uma possibilidade de escolha entre os estímulos e as respostas, ou iria, apenas, deixar que a vida passasse por mim.

Foi aí que me dei conta de que eu, e apenas eu, poderia me ajudar a sair daquela situação. Naquela hora, eu seria vítima ou a protagonista da minha vida. E eu escolhi, mesmo com muita dificuldade,

## É possível?

ser a protagonista. Escolhi que não queria mais passar por aquela sensação horrorosa de, simplesmente, travar.

E foi assim que entendi o verdadeiro significado da palavra prioridade. Nessa fase da minha vida, em um processo de escolha, eu escolhi cuidar de mim. Escolhi ficar do meu lado, decidi me tratar com carinho. Já conhecia e praticava ioga, mas passei a não apenas fazer as aulas, mas mergulhar nas aulas, como se minha vida dependesse daquilo, e naquele momento, ela dependia.

Fazia ioga e meditação, de manhã, à tarde e à noite. E por me interessar e me aprofundar tanto nessa filosofia de vida, sem que me desse conta, eu estava construindo mais um importante degrau na escada a caminho do meu propósito de vida.

Aprendi durante esse profundo e sincero processo de entrega e autoconhecimento que o jogo da vida era eu x eu. Percebi que não era sobre me comparar com outras pessoas, mas, sim, me comparar comigo mesma. Iniciou-se, assim,

## Marina Campos

uma linda jornada de cultivo e cuidado, onde eu me tornava melhor a cada dia.

Entendi, nessa fase difícil, mas fundamental, que não era sobre lutar contra algo, nem reagir a alguma coisa, não era sobre não querer estar com aquilo, mas, sim, era aprender a aceitar aquele processo, abraçar a impermanência e acolher minha vulnerabilidade.

Descobri que não seria um processo rápido e muito menos fácil, e que não estava lá, mas aqui. Era um dia, depois o outro, sendo e Fazendo, em cada um deles, o meu melhor. Não o melhor do mundo, nem tentando buscar a perfeição, mas fazendo "o meu" melhor, na condição que eu tinha, passo a passo, dia após dia, sendo e me tornando cada vez mais... eu.

Aprendi com Jon Kabat-Zinn que "meditar não é sobre consertar algo que está quebrado, é sobre descobrir que nada está quebrado".

Durante toda essa fase tive o apoio, o carinho e o cuidado do meu marido Junior. Meu alicerce, meu chão,

# É possível?

meu eterno porto seguro. A pessoa que me ensinou que, na vida, vale muito mais a pena ser feliz do que ter razão e, ao longo da nossa caminhada, todos os dias, podemos ter escolhas: olhar as coisas boas ou olhar para as coisas ruins que se apresentam. Eu diria que foi ele, mesmo sem saber naquela época, a me ensinar os primeiros e mais importantes passos das ferramentas conhecidas hoje, pela ciência, para o desenvolvimento da inteligência emocional.

Nos dez anos seguintes, ou também poderia dizer nos últimos dez da minha vida, me entreguei aos estudos das neurociências. A cada dia, uma nova descoberta, a cada dia, um novo aprendizado. Cada detalhe relacionado a esse assunto, que aprendia, me fazia ter a sensação de que aquilo era para mim uma missão: eu precisava compartilhar esse conhecimento. Comecei, então, um trabalho de desenvolvimento humano com nossa equipe de liderança do Sancet, onde eu me sentia segura para colocar em prática

## Marina Campos

os exercícios que estava estudando e me aprofundando.

Foi algo muito forte que aconteceu e acontece comigo todos os dias, a sensação de que esse conhecimento tão importante, tão incrível, tão sensacional não pode ficar apenas comigo. Tenho, não apenas a missão, não apenas o propósito, mas a obrigação de compartilhar esse estudo e aprendizado com o maior número de pessoas possível.

Descobrir, estudar e me aprofundar, por exemplo, na neuroplasticidade tem sido algo transformador, eu diria libertador.

Há cinco anos, fui convidada pela querida professora Katia Cristina Mugnol para me tornar professora e pesquisadora na Universidade de Mogi das Cruzes, no Programa de Mestrado Profissional em Ciência e Tecnologia em Saúde com a disciplina Gestão de Pessoas em Serviços de Saúde.

Continuo na empresa do meu pai, que também se tornou minha e onde desempenho, com muito amor, atividades relacionadas à gestão de pessoas.

# É possível?

Tive o enorme presente de ter como sócio, amigo, irmão, Joji Kimura, atualmente CEO na nossa empresa, que desempenha, de forma brilhante, as atividades de gestão, de liderança da nossa equipe e todo o planejamento estratégico. Desde sempre ele me deu muito apoio, acreditou em mim e a cada dia, até hoje, me dá forças para continuar caminhando segura nesta trajetória, que realizo com tanto amor.

E assim sigo meu caminho, aprendendo muito a cada dia, num processo constante de autoconhecimento e de desenvolvimento humano, cada vez mais conectada ao meu propósito de vida, ensinando e compartilhando meu conhecimento, com cada vez mais pessoas.

Hoje consigo entender o verdadeiro significado da frase: "Faça o que você ama e nunca mais vai precisar trabalhar". Durante toda a vida, um dos principais ensinamentos que recebi de minha mãe foi não fazer apenas aquilo que eu gostasse, mas aprender a gostar daquilo que eu fazia. Quando ouvia isso, com meus 15 anos de idade, não entendia, não aceitava, mas eu fazia.

Hoje, algum tempo depois, consigo entender exatamente o significado de tudo isso e digo que só cheguei até aqui por ter agido exatamente assim, aprendendo, a cada etapa de minha vida profissional, a gostar daquilo que fazia. Mario Sergio Cortella chama de "capricho", e a cada etapa realizada, posso dizer que, sim, fiz o meu melhor, na condição que tinha, enquanto não havia condições de fazer melhor ainda. Não foi sorte, foi trabalho, foi dedicação, foi empenho.

Ainda me faz muito sentido o que foi dito por Leandro Karnal: "Sorte é o nome que o vagabundo dá para o esforço que ele não faz". Ou ainda: "Sorte é estar pronto quando a oportunidade vem", de Oprah Winfrey. E tudo que estou vivendo hoje, todas as minhas conquistas não têm a ver com sorte, têm a ver com trabalho, têm a ver com empenho, têm a ver com dedicação.

## É possível?

Graças a esses ensinamentos, depois de alguns anos, posso ter o privilégio de fazer o que eu amo, pois durante muito tempo amei muito tudo o que fiz. Hoje, todos os dias, quando saio de casa para o trabalho e me despeço dos meus filhos Matheus e Maria Clara, não digo para eles que estou indo trabalhar, nem que estou indo ganhar dinheiro. Digo que a mamãe está indo fazer uma enorme diferença na vida das pessoas, e está saindo para deixar um mundo melhor para os filhos dos netos deles.

Para finalizar esta parte da história da minha história, não poderia deixar de agradecer profundamente as pessoas que foram fundamentais para a construção deste livro. À minha querida e amada tia Mali, que sempre acreditou em mim e com todo carinho e cuidado ajudou a corrigir, na minha vida e neste livro, alguns deslizes cometidos. Aos meus pais, Neto e Cecília por todo apoio e "provocações" feitas neste livro e durante toda minha vida. Graças a eles, me tornei forte, segura e dedicada naquilo que me proponho a fazer.

**Marina Campos**

Ao meu marido, Junior, que nunca me deixou desistir e que sempre esteve presente ao meu lado, me dando segurança, tranquilidade e paz.

E finalmente, aos meus amados filhos, Matheus e Maria Clara, por me trazerem a alegria e o orgulho necessários para que eu pudesse desenvolver esta obra. Vocês são, para mim, o verdadeiro significado de uma vida em alta *performance*.

## As competências comportamentais e as formas de desenvolvê-las – o meio e o fim

- Entender as emoções;
- **Mindfulness**;
- Propósito;
- Gestão do Tempo;
- Atenção;
- Protagonismo;
- Conexão com os outros;
- Aceitar as mudanças;
- Vulnerabilidade.

# É possível?

Essas são algumas competências comportamentais. Ao longo do livro, abordarei cada uma delas e mostrarei como podem ser desenvolvidas.

Todas podem ser vistas como meio e um fim, isto é, as competências ou habilidades também são aplicadas para desenvolver outras. As chamadas "*soft skills*", voltadas ao âmbito comportamental, possuem papel importante ao aprimoramento daquelas consideradas técnicas, as "*hard skills*".

Um profissional, por exemplo, precisa ter tanto as competências de sua formação como desenvolver habilidades para relacionar-se com os demais em seu ambiente de trabalho.

# Capítulo 1: Entender as emoções

**Marina Campos**

"Entre o estímulo e a resposta há um espaço. Nesse espaço está nosso poder de escolher nossa resposta. Na nossa resposta está nosso crescimento e nossa liberdade."
(Viktor Frankl)

## O que é uma emoção? É possível controlar uma emoção?

Para que possamos entender e conversar sobre inteligência emocional, é preciso primeiramente entender o que é uma emoção. Para isso, vamos imaginar que estamos caminhando em uma floresta e nos deparamos com um leão. O que acontece com nosso corpo? O que vem à nossa mente? Quais reações ocorrem?

## É possível?

A simples informação "leão" ativa um complexo programa de ação em nosso cérebro, que envolve todo o corpo. Em menos de meio segundo, hormônios e neurotransmissores são liberados, nossos batimentos cardíacos aceleram, nossa boca seca, nosso estômago para de produzir ácido, nosso intestino para de fazer o movimento peristáltico, o sangue passa dos pequenos vasos para os grandes músculos, o ritmo da respiração acelera, as pupilas dilatam. E muitas outras coisas acontecem no nosso corpo a partir da informação "leão".

E tudo isso acontece para que possamos sobreviver, ou seja, para que possamos lutar ou fugir. E todo esse conjunto de processos é denominado emoção. A emoção é uma forma eficiente que a natureza encontrou para fazer com que a gente se comporte de maneira eficaz sem perder tempo. Um processo automático do nosso organismo. Portanto, nós não somos capazes de controlar uma emoção, pois se trata de uma resposta absolutamente automática do nosso organismo.

## Marina Campos

Há milhões de anos, todas essas respostas do nosso organismo, frente a um estímulo, foram extremamente importantes para a nossa sobrevivência. Entretanto, atualmente, nós, seres humanos, não temos mais a necessidade de lutar ou fugir o tempo todo em nossas vidas. Atualmente, nós não temos mais tanto a necessidade de agir instintivamente frente a um estímulo.

Podemos e devemos analisar, avaliar e refletir sobre um estímulo antes de tomar uma atitude. Dessa forma, podemos concluir que inteligência emocional não é controlar uma emoção, é entender uma emoção e agir da melhor forma a partir desse entendimento. Inteligência emocional pode ser definida como: entender os caminhos que nossa mente e nosso "coração" percorrem. É nos tornarmos íntimos de quem somos. É ter possibilidade de escolha entre a ação e a reação.

A emoção irá, então, gerar um sentimento, que pode ou não ser identificado. Tanto a emoção, quanto o sentimen-

# É possível?

to não são para ser resolvidos. Devem ser sentidos. Portanto, o sentimento é a percepção de uma emoção. Entretanto, muitas vezes, esse sentimento não é identificado, notado, sentido. Em diversas situações, agimos direto da emoção para o comportamento. Isso não é nada bom, pois quando agimos dessa forma existe uma grande chance de nos arrependermos depois de tomada alguma atitude. O ideal nesse processo, portanto, é utilizar a inteligência emocional, ou seja, tomar consciência da emoção, do sentimento, entrar em contato com ele, nomeá-lo e, aí, sim, depois de todas essas etapas, agir.

Não é um processo fácil, mas é possível, pois envolve treino e dedicação. Isso é o que a neurociência vem nos mostrando a partir de diversos estudos publicados em importantes revistas científicas dessa área. Nosso cérebro possui uma incrível capacidade de neuroplasticidade, isto é, existem formas de treinar nossa mente para que possamos agir de maneiras diferentes daquelas que sempre agimos. Essa mudança de "caminhos até então percorridos" pelo nosso cérebro, com consequências nas mudanças de comportamento, exige dedicação, treino, persistência, exige cultivo. Isso para que possa, após certo tempo, virar um hábito.

Inteligência emocional é o uso da inteligência mostrando-nos que somos capazes de entender que todos os estímulos irão gerar uma emoção, mas que entre a emoção e o comportamento podemos e devemos identificar nossos sentimentos, nossas necessidades, criar uma conexão conosco e com os outros e aí, sim, ir para o comportamento.

Uma das ferramentas muito utilizadas, e que vem despertando muito interesse da ciência, que é capaz de auxiliar-nos neste processo, é a meditação. Muitas pessoas, quando escutam a palavra meditação, logo reagem dizendo "isso não é para mim" ou "não consigo não pensar em nada" ou ainda "não consigo deixar a minha mente em branco".

# É possível?

Realmente, é verdade, pois é impossível ficar sem pensar em nada, ou deixar nossa mente em branco. Meditação não é não pensar em nada. Meditar é trazer toda a atenção a um foco. Esse foco atencional pode ser, por exemplo, a atenção à respiração, meditação conhecida como meditação *mindfulness*. Ao fazer isso, estamos fortalecendo os circuitos cerebrais, realizando metacognição e, consequentemente, aumentando nosso foco e nossa concentração.

É uma forma de aumentar e melhorar a maneira como nos relacionamos conosco, com nossos pensamentos e sentimentos. Uma maneira, portanto, de entender melhor as nossas emoções, de nos dar possibilidades de escolha entre o sentir e o agir, isso eu chamaria de inteligência emocional.

Essa ferramenta, a meditação, capaz de melhorar o desenvolvimento da nossa inteligência emocional, tem sido muito utilizada pelas empresas, para fazer com que os colaboradores fiquem mais

## Marina Campos

focados, mais presentes em suas atividades e, consequentemente, sejam mais felizes. A meditação tem auxiliado muito no desenvolvimento das competências comportamentais e, assim, é bastante utilizada nos processos de gestão de pessoas e desenvolvimento humano.

# Capítulo 2: Mindfulness

**Marina Campos**

"A respiração é a ponte que liga a vida à consciência, a ponte que une o seu corpo aos seus pensamentos. Sempre que sua mente torna-se dispersa, use sua respiração como meio para tomar posse de sua mente novamente."
(Thich Nhat Hanh)

**M**indfulness é um estado da mente, que significa estar atento ao presente momento de forma intencional. Esse estado pode ser treinado, pode ser desenvolvido. Uma das formas é por meio de práticas de meditação **mindfulness**. Trazendo para o português, **mindfulness** significa "atenção plena". É um estado de presença, uma forma de viver a vida da maneira como

# É possível?

ela se apresenta, com abertura, curiosidade e gentileza a tudo aquilo que se apresenta, coisas boas e coisas ruins. É estar com o que está, do jeito que está, enquanto estiver.
Difícil?
Diria que não é fácil, não é simples, mas é possível, e como tudo na vida, exige treino, exige empenho, exige dedicação.

Gosto muito dos exemplos de Daniel Goleman, autor de diversos trabalhos sobre inteligência emocional e liderança. Ele diz que nosso cérebro funciona como um músculo. Toda vez que a atenção divaga e você traz de volta, você está fortalecendo os circuitos cerebrais. As empresas vêm usando essa técnica porque querem seus colaboradores mais focados.

Uma pesquisa publicada pela revista Science constatou que em 47% do nosso tempo não estamos em contato, não estamos prestando atenção naquilo que está acontecendo no momento. É assustador perceber que passamos quase metade do tempo acordados sem prestar atenção ao que está acontecendo.

## Marina Campos

Isso significa dizer que passamos quase metade da nossa vida vagueando, sendo levados, deixando com que a vida passe por nós. Esse estudo mostra ainda que pessoas distraídas são pessoas infelizes. Ou seja, para que possamos estar felizes, é necessário que estejamos atentos, presentes, em contato com o que está acontecendo. Os estudos têm mostrado que uma das formas de tornar isso possível é por meio de práticas de meditação *mindfulness*.

Existem vários tipos de meditação, uma delas é a meditação *mindfulness*. Uma das maneiras pelas quais as empresas estão promovendo mais qualidade de vida para sua equipe é por meio de programas de meditação. Essa técnica, apesar de bem antiga, vem sendo muito utilizada atualmente para promover o equilíbrio emocional, aumentar o foco e a concentração dos colaboradores.

Basicamente, trata-se de uma técnica guiada por um profissional habilitado e capacitado, que faz com que durante alguns minutos a pessoa foque toda sua atenção,

# É possível?

por exemplo, na sua respiração (denominada âncora atencional). Goleman afirma que treinar os colaboradores a se concentrarem na sua própria respiração faz com que eles se tornem mais focados. E, consequentemente, uma equipe mais concentrada faz com que a empresa se torne mais próspera.

Muitos estudos têm mostrado e associado a meditação *mindfulness* à diminuição da ansiedade, da reatividade e do estresse, além de aumentar o foco, a concentração e a criatividade, pois estimula algumas importantes regiões do nosso cérebro, fortalecendo circuitos, uma área conhecida como córtex pré-frontal, região responsável pelo nosso planejamento, criatividade e concentração. Ao mesmo tempo em que ocorre uma diminuição da atividade da amígdala cerebral, uma região responsável por fazer com que fiquemos "grudados", "ruminando" um evento ruim que aconteceu.

Três grandes mitos, dentro desse contexto da meditação, acontecem muito e afastam as pessoas dessa importante ferramenta. São eles:

## Marina Campos

- Acreditar que meditar é não pensar em nada, que é deixar a mente em branco;
- Acreditar que para meditar é preciso estar calmo. Ou ainda que meditar é para ficar calmo;
- E acreditar que a meditação precisa ser praticada por longos períodos de tempo.

Desmistificando esses conceitos: meditar não é não pensar em nada e muito menos ter que deixar a mente em branco. Para meditar não precisamos estar calmos e a meditação não irá nos deixar calmos (pode ser uma consequência da prática, mas nunca deve ser o objetivo da prática). Meditar não precisa durar longos períodos.

Meditar é decidir, por certo período, trazer a atenção para um foco, que pode ser a respiração. Nossa mente foi feita para pensar, não existe a possibilidade de não pensarmos em nada, de deixarmos a mente em branco. O que existe é um treino, é uma observação dos nossos pensamentos, com o objetivo de não sermos levados por eles. Isso serve para que

## É possível?

possamos trazer nossa atenção de volta, gentilmente e intencionalmente, por exemplo, para a nossa respiração, todas as vezes que os pensamentos divagarem. A calma pode ser uma consequência da prática, mas não deve ser o objetivo. Para meditar, devemos permanecer como estamos, é como ouvir uma música, simplesmente ouvimos.

E, por último, o tempo da prática: um dos maiores, se não o maior problema que afasta as pessoas da meditação. Os estudos têm mostrado que mesmo curtos períodos têm trazido muitos ganhos. Poucos minutos, apenas 3 minutos por dia, já trazem benefícios. Não há necessidade de se praticar horas de meditação. É claro que, se houver esse tempo, e se essa for a escolha, não só pode, como deve, ser realizada. Mas é muito melhor que seja aplicada, aqui, a ideia da constância, do dia a dia. Vale muito mais a ideia dos passos curtos, mas firmes. Ou seja, é muito melhor praticar 3 minutos por dia, do que uma hora por mês, ou, então, é muito melhor praticar apenas 3 minutos por dia do que não praticar nada. Agindo assim, dando passos curtos, mas firmes, a meditação pode ser de forma leve e gostosa incorporada ao dia a dia.

**Prática dos 3 minutos**
**Conhecendo a meditação *mindfulness***

(esta prática pode ter duração de 3 minutos, ou do tempo que você tiver disponível para praticar).

O objetivo da prática deve ser apenas o de praticar, sem a necessidade de mudar nada. Não devemos colocar nenhuma expectativa ao realizar a prática de meditação. Devemos apenas praticar.

<u>**Passo a passo da prática:**</u>

1. Procure um local tranquilo para a prática e certifique-se de não ser interrompido durante esses minutos.

2. Sente-se em uma cadeira, com uma postura livre de tensões e

# É possível?

que ao mesmo tempo permita que você fique atento.

3. As mãos podem descansar sobre as pernas.

4. As plantas dos pés devem estar apoiadas no chão.

5. Os olhos podem estar fechados ou entreabertos com o olhar fixo em um ponto.

6. O queixo deve ficar levemente para baixo, buscando uma posição neutra do pescoço.

7. Sinta-se habitando o seu próprio corpo, se estabilizando lentamente na posição.

8. Faça três respirações profundas, inalando o ar pelas narinas e soltando o ar pela boca.

9. Tome consciência da sua respiração e a mantenha em um ritmo normal.

10. Observe os sons do ambiente, a temperatura do ar e tudo aquilo que chega até você neste momento. Apenas note, sem ser levado pelos sons ou pelos seus pensamentos, e traga sua atenção de volta para sua respiração.

11. Traga sua atenção para seus pés, pernas, quadris, coluna vertebral, órgãos abdominais, braços, antebraços, mãos e dedos. Note seus ombros, pescoço e os músculos do seu rosto. Observe sua boca, mandíbula, maxilar, dentes e língua. Note o seu nariz, através do ar que entra e sai das suas narinas. Observe os seus olhos, perceba como estão fechados, apenas note. Perceba seu couro cabeludo e orelhas.

12. Note se existe algum incômodo em alguma região do seu corpo. Apenas note, não há necessidade de mudar nada. Apenas observe e gentilmente traga sua atenção de volta para a sua respiração.

## É possível?

13. Perceba que seus pensamentos irão divagar durante a prática. Tudo bem. Não há nada de errado com isso. Apenas note, observe-os e, sem ser levado pelos seus pensamentos, traga gentilmente a sua atenção para a sua respiração, notando o ar que entra e sai das suas narinas.

14. Observe que o benefício da prática é justamente se dar conta dos pensamentos e trazer de forma gentil a atenção de volta para a respiração.

15. Após algum tempo nesse movimento de notar os pensamentos e trazer a atenção de volta para a respiração, volte a atenção novamente para os pés, pernas, costas, braços, mãos, ombros, pescoço e cabeça.

16. Note novamente os sons do ambiente e a temperatura do ar.

**Marina Campos**

17. Faça pequenos movimentos com as mãos, os pés, os ombros.

18. Respire profundamente, inspirando pelas narinas e soltando o ar pela boca.

19. Abra os olhos, perceba a luminosidade do ambiente.

20. Traga a sua prática ao final.

### Importante!

- É muito mais importante a constância do que a intensidade da prática, portanto não se preocupe em realizar práticas muito longas, mas, sim, de praticar todos os dias pelo menos 3 minutos.

- Lembre-se: os passos podem ser curtos, mas devem ser firmes.

- As práticas informais são tão ou mais importantes para a nossa vida que as práticas formais de meditação *mindfulness*. Isso significa que devemos permanecer atentos, trazendo a nossa atenção de

# É possível?

forma consciente e gentil a todas as atividades cotidianas.

- A vida acontece onde você coloca a sua atenção. Certifique-se, dessa forma, de que você esteja de fato atento e em contato com aquilo que está fazendo, com tudo o que está realizando.

- Devemos pensar que não há uma separação entre o tempo da meditação formal e o de não meditação. Ao encerrar o período formal de meditação, devemos manter o propósito de não esquecer que, embora a técnica formal tenha terminado, continuaremos em um processo de cuidado e de cultivo da nossa atenção ao momento presente, aos nossos sentimentos, às nossas necessidades e aos sentimentos e necessidades dos outros.

# Capítulo 3: Propósito

## Marina Campos

*"Sucesso é você se conectar verdadeiramente com o seu propósito. Sonhar e acreditar nas pessoas, no mundo e na vida."*

**D**urante muito tempo, o desafio para as empresas na questão da gestão de pessoas era motivar seus colaboradores. Para isso, os treinamentos de equipes eram realizados de modo a gerar estímulos e, com isso, aumentar no colaborador o nível de sua motivação. Em latim, a palavra motivação significa mover-se. E isso traz à tona uma importante questão.

Para sair de um ponto em direção a outro, ou seja, mover-se, é necessário saber para onde se deseja ir. Caso contrário, como disse Lewis Carroll no livro

# É possível?

*Alice no país das maravilhas*: "Se você não sabe para onde vai, qualquer caminho serve". Com base nesse raciocínio e fazendo uma analogia do livro citado, motivar um colaborador de uma empresa, quando ele não sabe para onde quer ir, além de não trazer benefício algum para essa pessoa, pode ser prejudicial. Como quando Alice encontra o gato e pergunta para ele: "Para onde eu vou?". O gato a questiona: "Para onde você quer ir?". Alice responde: "Não sei..." E então o gato conclui: "Para quem não sabe aonde vai, qualquer caminho serve".

Não apenas em um ambiente de trabalho, mas em um ambiente chamado VIDA, saber para onde estamos indo é fundamental. E isso se chama PROPÓSITO. Pois, como citado por Viktor Frankl, "se você tem um porquê, você enfrenta qualquer como".

Atualmente, não apenas nas empresas, mas em todos os processos de desenvolvimento humano, a questão da identificação do propósito de cada ser humano vem ganhando cada vez mais notoriedade e vem despertando, cada vez mais, interesse de gestores e líderes.

Uma pessoa com PROPÓSITO DE VIDA é não apenas um excelente profissional, mas também um excelente ser humano. E essa conclusão tem feito com que muitas empresas invistam na questão do desenvolvimento do propósito das pessoas.

O programa da Google chamado *Search Inside Yourself*, desenvolvido por um engenheiro, Chade Meng-Tan, foi aplicado em sua equipe, incluindo práticas de meditação *mindfulness* e, como consequência, constataram uma melhora significativa na relação interpessoal na empresa.

Esses ganhos são observados quando o propósito de uma pessoa está alinhado com o propósito da empresa. Howard Gardner chama de "o bom trabalho". A junção de quatro elementos: realizar uma atividade que você ama, fazer aquilo que você é bom em fazer, realizar aquilo que o mundo precisa e fazer aquilo que você pode ser pago para fazer é chamado pelos japoneses de *Ikigai*, e pode ser traduzido como "a razão de ser".

# É possível?

É maravilhoso, eu diria libertador, quando conseguimos encontrar nosso propósito e caminhar nesta jornada que é a vida, alinhados e conectados a ele. É interessante quando nos damos conta de que somos nós, cada um de nós e somente nós que definimos o que é sucesso.

Portanto, devemos focar naquilo que somos bons em fazer, fazer mais, fazer melhor, fazer sempre aquilo que faz sentido para nós, aquilo que nos move. Tentar, de todas as formas, encontrar significado no próprio trabalho. E se você ainda não tem um, crie um. Identifique aquilo que o incomoda no mundo e reflita no "como você faria para resolver".

O propósito está na base de qualquer estrutura racional e emocional, portanto aprenda a conhecer no que você é bom para fazer e saiba como aplicar. Certamente, trará felicidade e significado.

A todo momento, devemos nos perguntar: "Se eu não existisse, que falta eu faria?", "Se eu morresse hoje, o que as pessoas iriam dizer?", "Qual o meu legado?".

## Marina Campos

Essas questões, muito bem comentadas nas palestras e nos livros de Mario Sergio Cortella, nos fazem refletir não sobre a morte, mas, sim, sobre a vida. Pois ao lembrarmos que vamos morrer, nós nos lembramos de viver. Ao pensarmos nessas questões, nos tornamos mais próximos do nosso propósito e da nossa missão no mundo.

Para uma empresa, o propósito é a razão dela existir, é o motivo pelo qual ela desempenha a atividade que desempenha. Mais que uma frase na parede, o propósito orienta a rotina de trabalho. Encontrar no trabalho parte do propósito pessoal, certamente aumenta a produtividade da empresa e a satisfação pessoal e profissional de toda a equipe. Por isso, muitas companhias têm hoje essa preocupação: a de alinhar o seu propósito ao propósito de vida do colaborador.

Uma das formas de identificar nosso propósito é refletir sobre o que nos incomoda no mundo e como faríamos para resolver essa questão. Fazendo esse exercício, fica mais fácil encontrar um propósito e alinhar esse propósito ao nosso dia a dia.

# Capítulo 4: Gestão do tempo

## Marina Campos

> "Tempo é o recurso mais escasso,
> e se não for bem gerenciado,
> nada mais pode ser gerenciado."
> (Peter Drucker)

Um dos maiores desafios da atualidade é saber gerenciar o próprio tempo e estar, de fato, presente naquilo que se está fazendo no momento. Nunca houve, em toda a história da humanidade, tanto entretenimento, tanta diversão, tantas atividades para serem realizadas. Estamos fazendo e querendo tudo, o tempo todo e ao mesmo tempo. E, justamente por esse motivo, nunca houve tanta gente com depressão, tanta gente estressada e tanta gente infeliz.

# É possível?

Nosso tempo precisa ser observado, precisa ser controlado, para poder ser, de fato, aproveitado. O que não pode ser medido, não pode ser gerenciado. Precisamos, dentro desse processo de cultivo da ferramenta gestão do tempo, aprender a eliminar atividades desnecessárias. Estipular blocos de tempo para cada coisa realizada no decorrer do nosso dia. Pois, saber o que não fazer é tão ou mais importante do que saber o que fazer. Além disso, de nada serve fazer muito bem-feito o que não precisa ser feito. Isso é gasto de energia, gasto de atenção, gasto desnecessário de tempo.

Daniel Goleman, em seu livro **Foco**, diz que "focar não é apenas selecionar a coisa certa, mas, também, dizer não às coisas erradas". Dentro desse contexto, precisamos aprender a dizer "não". Precisamos tirar ou, pelo menos, diminuir as atividades que não nos fazem bem, que não nos nutrem.

Mais uma vez, isso envolve um profundo e verdadeiro processo de autoconhecimento. Para isso, um fator muito

**Marina Campos**

importante é não nos compararmos às outras pessoas. Precisamos entender e aceitar que o "jogo" é VOCÊ X VOCÊ. O que lhe faz bem? O que lhe emociona? O que lhe descansa? O que lhe motiva? O que é realmente importante para você? Todas as respostas a essas perguntas são absolutamente e extremamente pessoais, únicas e exclusivas. O que é bom para mim pode não ser bom para você. Aquilo que me emociona pode não causar nenhum tipo de impacto para você. O que me motiva é completamente diferente daquilo que faz você acordar feliz todos os dias. E, por isso, é tão importante, mais do que isso, é necessário, é fundamental o autoconhecimento. É impossível se comparar com outras pessoas. Cada um tem uma vida, cada um tem uma história, cada um tem um gosto. E precisa ser ouvido, identificado e, principalmente, respeitado.

Dentro das organizações, tal identidade vem sendo uma grande questão. Outro desafio é encontrar colaboradores capazes de gerenciar o próprio tempo e

# É possível?

as próprias atividades. Mais difícil ainda é ter colaboradores capazes de realizar as suas atividades bem-feitas, planejadas com foco e entrega. As distrações são inúmeras e ocorrem a todo momento. Saber dizer "não" a essas divagações, saber gerir o próprio tempo e começar, fazer e terminar algo são quase uma vitória.

É extremamente importante, não apenas nas empresas, mas na nossa própria vida, saber identificar e resolver aquilo que é importante, para não ter que resolver tudo de forma urgente.

Para desenvolver tal ferramenta, essa competência, a gestão do tempo, é necessário aprendermos a concentrar nossas forças e energias no que é mais importante. Aproximadamente 20% do que fazemos precisa gerar os 80% dos nossos resultados. Precisamos aprender a focar nas poucas coisas que vão nos trazer os grandes resultados. E isso é prioridade.

Dentro do contexto "gestão do tempo", é fundamental sabermos que o primeiro passo pode ser curto, mas tem que ser firme. Como já foi descrito no capítulo sobre meditação, esse conceito também deve ser aplicado aqui. A partir da definição, das escolhas, do estudo daquilo que é importante para nós, devemos ser firmes, devemos nos dedicar, devemos cultivar, por exemplo, uma determinada atividade definida.

Um exemplo muito comum para todos em nosso dia a dia: a realização de uma atividade física. Já é sabido da importância e, atualmente, mais do que isso, da necessidade de se praticar uma atividade física. Não podemos separar o nosso cérebro do nosso corpo, como foi, durante muito tempo, pensado pelas pessoas. Temos que entender e aceitar que um faz parte do outro, ou melhor, que os dois trabalham juntos, que um não funciona sem o outro: cérebro e corpo compõem um ser humano.

Muitos estudos têm, ultimamente, demonstrado a importância dessa conexão. Para ter um cérebro saudável, a realização de uma atividade física é fundamental. Isso é um fato. Entretanto, a dificuldade

# É possível?

nesse contexto começa com a escolha da atividade física a ser realizada. Mais uma vez, trago à tona a importância do autoconhecimento. Infelizmente, as pessoas, na maioria, não têm a menor ideia do que gostam, do que faz bem, do que as motiva. Infelizmente, agem, não apenas nesses, mas principalmente nesses casos, como manadas, fazendo não aquilo que gostam, não aquilo que se identificam, não aquilo que faz sentido pra elas, mas o que os outros gostam, e que falam que gostam.

Mais uma vez, trago a importância de conhecermos o que nos faz bem, o que gostamos e o que não gostamos de fazer quando o assunto é a escolha de uma atividade física. Não é porque todos estão fazendo **crossfit** que eu preciso gostar de fazer **crossfit**. Não é porque todos estão fazendo ioga que preciso fazer ioga.

É importante procurar, conhecer, se identificar com uma atividade física, algo que faça bem, algo que faça sentido. Feita a escolha, é necessário manter a regularidade, fazendo um pouquinho todos os dias.

## Marina Campos

É muito mais importante aqui a regularidade do que a intensidade. Mas, na maioria das vezes, não é o que acontece. É feita a escolha por impulso ou por comparação e a intensidade, eu diria a violência, a agressão contra nós mesmos, em uma determinada atividade. Não importa qual for sua prioridade, não importa qual for a escolha, importa mantê-la, importa realizá-la, importa, de novo: cultivá-la. Devemos usar nossa energia, nosso tempo, nossas forças nas coisas que nos fazem sentido, nas coisas que nos trazem bons resultados. Para isso, é fundamental que tenhamos um conhecimento profundo das nossas forças, das nossas fraquezas, das nossas oportunidades de melhoria e das nossas ameaças. Isto é, que a gente faça uma matriz SWOT de nós mesmos, como já comentei no início do livro, para que possamos nos tornar cada vez mais íntimos de quem somos, conhecendo o que nos faz bem, investindo naquilo que nos fortalece, nos nutre, nos move, evitando, na medida do possível, o que

# É possível?

nos desgasta, nos irrita, nos incomoda. Mas para isso é necessário um verdadeiro e profundo mergulho no ser, um sincero processo de olhar para dentro. Precisamos treinar mais a habilidade de fazer escolhas conscientes. Prestar mais atenção em nós mesmos. E esse não é um processo fácil. Não podemos ficar gastando nosso tempo, nossa energia em coisas, atividades, processos que não nos façam bem, que não nos alimentem. Não podemos perder nosso precioso tempo com pessoas que sugam nossas energias. Temos que aprender a fazer escolhas conscientes para que possamos ter resultados surpreendentes. Precisamos aprender a ter atitudes eficazes. Treiná-las e colocá-las em prática no nosso dia a dia.

# Capítulo 5: Atenção

**Marina Campos**

"Identifique e resolva aquilo que é importante para não ter que resolver o que é urgente. Se você pudesse fazer uma única coisa importante no seu dia, qual seria essa coisa?".
(Peter Drucker)

A atenção, assim como outras habilidades comportamentais, também pode ser cultivada. Entretanto, nos dias de hoje, com tantas e tantas coisas para pensar, para fazer, para resolver, ficar atento, concentrado, focado em determinada atividade por um certo período, é quase um milagre, um verdadeiro "artigo de luxo".

O pesquisador Tal Ben Sahar, responsável por ministrar a aula mais concorrida

# É possível?

da Universidade de Harvard, faz, em suas palestras, uma analogia sensacional com o que está acontecendo nos dias de hoje.

Ben Sahar nos disse: "Experimentem ouvir as suas duas músicas favoritas ao mesmo tempo e notem o que acontece". Realmente, é exatamente isso que estamos fazendo. Estamos querendo tudo, o tempo todo e ao mesmo tempo.

Nós nos propomos a realizar uma determinada atividade, e poucos minutos depois, já tiramos nossa atenção dessa atividade por uma mensagem no celular, um novo *e-mail*, um "bom dia" em algum dos muitos grupos dos nossos celulares. Isso quando não negociamos conosco e, ao invés de ficar naquela determinada atividade o tempo que havíamos nos proposto no início dela, simplesmente resolvemos parar, mesmo sem ter chegado na metade daquilo que inicialmente havia sido proposto, e trocamos de atividade, entrando em alguma rede social, indo comer alguma coisa ou conversando com um colega de trabalho.

## Marina Campos

Começar, fazer e terminar uma determinada atividade de forma organizada e consciente faz com que nosso organismo libere uma substância chamada dopamina, que nos faz ter bem-estar e querer realizar uma outra atividade. O contrário – o começar, o não fazer e o não terminar – faz o nosso organismo liberar outros hormônios e neurotransmissores, que nos causam desgaste emocional e a sensação de mal-estar. Chegamos ao final do dia com aquela impressão ruim de ter trabalhado, trabalhado, trabalhado e não ter produzido, de fato, nada concreto.

É muito importante, dentro desse contexto de "desenvolver a habilidade da atenção", que exista planejamento. Planejar antes de iniciar uma determinada atividade é fundamental para que haja decisão. Decisão de fazer aquela atividade que foi conscientemente planejada, para que, uma vez iniciada, possa ser finalizada.

Dois fatores fundamentais precisam ser levados em consideração quando estamos cultivando a atenção:

# É possível?

Primeiro: o feito é melhor que o perfeito. Muitas vezes, quando estamos realizando uma atividade, não conseguimos concluí-la por achar que nunca está perfeita. Esse é o momento de colocar em prática o conceito do suficientemente bom, ou seja, entender que o feito é melhor que o perfeito. Fazendo, claro, o nosso melhor, que não é o melhor do mundo, mas o "nosso melhor". Realizando cada etapa da atividade com capricho, com dedicação, com empenho. Fazendo dar certo, até dar certo. Ou seja, começar, fazer e terminar.

Segundo: cansou? Descanse, mas não desista. As neurociências nos ajudam a entender a importância dessa frase, pois para que o pico gama (*"insights"*) ocorra no cérebro, precisa haver estímulo das ondas alfa (descanso). Isto é, ao término de uma determinada atividade, precisamos estimular nosso cérebro a "produzir" ondas alfa, ou seja, precisamos de descanso, precisamos de recompensa.

Para isso, é importante que cada um conheça e entenda de que forma o cérebro

## Marina Campos

"descansa". É realizando uma caminhada, tomando um café, alongando o corpo, passeando com o cachorro, conversando com um amigo. Citei apenas alguns exemplos, das maneiras pelas quais as pessoas descansam, e já é possível perceber o quanto somos diferentes. Para uns, passear com o cachorro é maravilhoso, para outros, é uma verdadeira tortura. Novamente, a importância do autoconhecimento, para uma escolha consciente e que lhe faça bem e traga, de fato, um descanso.

Fazer poucas coisas com nota 10 é melhor que fazer muitas coisas com nota 4. Aprender e treinar essa habilidade faz com que aprendamos a começar, fazer e terminar uma atividade, fazendo o nosso melhor naquele momento, entregando todo o nosso potencial. Isso nos faz bem. Isso não nos deixa ter a sensação, no final do dia, de que fizemos muitas coisas e não produzimos nada. É um treino, é um processo, exige dedicação e empenho. Mas assim como as outras já citadas, é também uma habilidade, que pode ser cultivada.

# Capítulo 6: Protagonismo

## Marina Campos

"O homem está condenado a ser livre, condenado porque ele não criou a si, e ainda assim é livre. Pois, tão logo é atirado ao mundo, torna-se responsável por tudo que faz." (Jean-Paul Sartre)

**N**ós somos a história que contamos da nossa história. Portanto, precisamos fazer valer a pena. Pagar o preço!
De algum tempo para cá, sinto que o mercado, a vida, o mundo não dão mais tanta importância para as pessoas que são apenas eficientes. Apenas fazer as coisas bem-feitas não é mais o suficiente. Eu diria que, hoje, fazer as coisas bem-feitas não é mais que a nossa obrigação, assim como dizer que uma empresa tem qualidade. Antigamente, qualidade era um diferencial competitivo, hoje é uma obrigação que qualquer empresa precisa ter em seus serviços e/ou produtos.

# É possível?

Noto que isso está acontecendo com as pessoas que são apenas eficientes. Fazer somente bem-feita a sua atividade, o seu serviço, não é mais um diferencial, é uma obrigação. Jogar bem a partida não basta. O mundo hoje pede que a gente ganhe a partida. Isso chama-se eficácia. Eu gosto de chamar de protagonismo. Acho muito interessante uma escultura da americana chamada Bobbie Carlyle, de um homem de pedra esculpindo as suas próprias pernas. É um momento em que precisamos aprender a construir e construir-nos, dia a dia, folha a folha, raiz a raiz, cultivando essa tão importante habilidade comportamental: o protagonismo.

Não podemos esperar sentir vontade para começar a realizar uma determinada atividade. Muitas vezes precisamos começar, precisamos fazer, precisamos realizar para depois sentir vontade. Muitas vezes, a ação leva ao propósito e à motivação. Portanto, não espere que o mundo motive você, não espere dar vontade, não espere. Se parar de ventar, reme.

## Marina Campos

Sonhe grande, comece pequeno e aja rápido. Gosto muito dessa frase que ouvi uma vez em um dos cursos de desenvolvimento humano que realizei e acho que faz muito sentido neste momento, neste capítulo. Se ficarmos apenas no campo dos sonhos, dos devaneios, das vontades, as coisas não acontecem, não se concretizam, não se realizam. E o mundo hoje pede atitude, pede pertencimento, pede protagonismo.

Além dessa característica ser importante para criar o pertencimento da equipe, é uma forma essencial para que possamos produzir no nosso organismo uma substância chamada dopamina. Esse hormônio neurotransmissor faz com que o nosso corpo tenha uma sensação de bem-estar, de dever cumprido.

Pior que a derrota é não ter feito a tentativa. Desde criança eu me lembro muito dessa frase. Fez parte da minha vida em diversos momentos. Dificilmente nos arrependemos de termos feito algo. Normalmente, nos arrependemos de não termos feito, não termos agido, não termos vivido.

# É possível?

Por isso a importância do protagonismo nas nossas vidas. Por isso a importância e a necessidade de tomarmos atitude. Só assim vamos conseguir construir uma história, vamos poder contar uma história, vamos poder fazer uma história.

Um dia desses um aluno me disse: "Professora, eu daria minha vida para ter o que a senhora tem...". E eu respondi: "Eu dei!". Dei a minha vida para construir, ser e ter tudo que tenho e sou hoje. Não foi fácil, não foi sorte. Foi empenho, foi construção, foi protagonismo. Sinto-me feliz e honrada em poder compartilhar isso neste livro. Tive grandes desafios e muitos medos, mas pouco a pouco, com passos curtos, mas firmes, fui construindo o que hoje eu chamo de propósito e sucesso.

Assim como as outras habilidades comportamentais, o protagonismo também é treino e pode ser aprendido. E ao exercitarmos essa habilidade, somos capazes de construir e fazer algo que impacte, algo que possamos ser, mais tarde, lembrados.

# Capítulo 7: Conexão com os outros

## Marina Campos

"Você não constrói uma empresa, você constrói um time e o time constrói a empresa."
(Mauricio Benvenutti)

O que nos trouxe até aqui? O que tornou os mamíferos os dominantes do planeta? Foi a inteligência? Sim. Mas não foi a inteligência individual, foi a inteligência colaborativa. Precisamos, sim, uns dos outros, precisamos, sim, nos conectar às outras pessoas, precisamos, sim, confiar nas pessoas. Achamos que nós, brasileiros, somos um povo que confia uns nos outros.

Uma pesquisa realizada no mundo perguntou: "Você acredita que a maioria

# É possível?

das pessoas é confiável?". A realidade do nosso país mostrou que apenas 4% das pessoas responderam que sim. Bem diferente da porcentagem dos países desenvolvidos, onde os resultados apresentaram respostas acima de 60%.

A necessidade burocrática e o custo da desconfiança são absurdos, e reais, em nosso país. Basta citar como exemplo o reconhecimento de firma em um contrato. Ter a necessidade de ir até um cartório, pagar para atestar que aquela assinatura é mesmo sua, é um tremendo absurdo. Infelizmente, não apenas essa, mas outras, como pagar por um seguro fiança para alugar um apartamento, entre outras questões corriqueiras, são a nossa realidade, a forma com que fomos criados. Esse é o nosso dia a dia. A realidade da desconfiança, da insegurança e do medo. E esse medo, esse ciclo, que se retroalimenta, gera o egoísmo. Esse ciclo é nutrido e alimentado constantemente pela liberação em excesso do hormônio cortisol, aquele que ativa nosso sistema

# Marina Campos

"luta ou fuga". Aquele sistema que nos deixa constantemente em estado de alerta, aquele que, em excesso, é literalmente um veneno na nossa corrente sanguínea.

Entretanto, existe um antídoto para esse processo. Existe, de acordo com as neurociências, uma forma para diminuir a ativação desse sistema. Mas, para isso, é necessário que nós, os seres humanos, entendamos que o próximo grande salto da humanidade será descobrir que cooperar é melhor que competir.

Recentemente, a ciência descobriu que existe um sistema chamado "sistema mamífero de cuidado" que, ao ser ativado libera um hormônio, também conhecido como "a molécula da confiança", a ocitocina. De acordo com o pesquisador Paul Zak, existe uma forte relação entre a riqueza das nações, a confiança e a liberação de ocitocina.

Quando existe confiança entre as pessoas, quando existe conexão, o sistema mamífero de cuidado é ativado, a ocitocina é liberada no nosso organismo,

# É possível?

e isso faz com que tenhamos coragem para seguir em frente, pois o nosso cérebro entende que "podemos voltar".

E nas empresas não é diferente. Não existe a possibilidade de uma empresa crescer sem que haja conexão no grupo, conexão entre o empresário e os colaboradores, conexão entre líder e liderado. Apenas dessa forma, criando vínculo, estreitando as relações, aumentando a confiança entre os membros da equipe de uma empresa, é que haverá coragem. Coragem para enfrentar os desafios, coragem para assumir riscos, coragem para "pagar o preço" e fazer aquilo que tem que ser feito para crescer, prosperar e progredir. Esse ciclo é considerado, atualmente, como sendo um dos principais responsáveis, não apenas pelo sucesso das pessoas, como, também, pelo sucesso das empresas e das nações.

Desde os meus 15 anos, fiz parte do time de colaboradores do Sancet Medicina Diagnóstica, empresa dos meus pais, que depois passei a fazer parte como diretora. Ao longo dos anos e das atividades que realizava, fui percebendo a importância e a necessidade de criar conexões e vínculos. Foi fundamental, durante toda a história de crescimento e de sucesso da nossa empresa, o grau enorme de confiança e comprometimento entre as pessoas que ali estavam. Foi graças à confiança que tivemos nas pessoas, desde o início das atividades na nossa empresa, que fomos capazes, durante toda a nossa trajetória, de criar uma conexão maravilhosa com elas e conosco, ativar nosso sistema mamífero de cuidado, liberar no nosso organismo a ocitocina e, finalmente, tivemos coragem para fazer e construir a empresa que construímos.

Temos dois sistemas: o de "luta ou fuga" e o mamífero de cuidado. O primeiro deles desencadeia a liberação de cortisol em excesso no nosso organismo, nos fazendo ter cada vez mais medo, desconfiança e nos tornando cada vez mais egoístas. Já o segundo, é aquele capaz de promover a liberação do hormônio ocitocina (também conhecido como o hormônio do amor),

## É possível?

que nos faz ter confiança, conexão e nos dá coragem. É esse sistema que precisamos ativar em nossas vidas, é esse o sistema responsável pelo nosso bem-estar e pela nossa conexão conosco e com os outros.

## Capítulo 8: Aceitar as mudanças

## Marina Campos

"Você não pode parar as ondas, mas pode aprender a surfar."
(Jon Kabat-Zinn)

Estamos vivendo uma era, um momento, uma fase em que as mudanças acontecem de forma absolutamente violenta. Como disse Renato Russo: "O futuro não é mais como era antigamente". A sensação que muitos de nós temos é a de que estamos diante de um verdadeiro **tsunami** e, enquanto isso, as pessoas ficam discutindo se vão colocar maiô ou biquíni. Talvez por medo, por insegurança ou mesmo por despreparo, temos a sensação, o tempo todo, de não estarmos acompanhando essa tão temida "mudança".

# É possível?

Mundo líquido? Parece que nada mais dura muito. De roupas a móveis de casa. De amizades a casamentos. Tudo é volátil, tudo é rápido, tudo é por pouco tempo. Hoje entendo o verdadeiro significado deste pensamento de Fernando Pessoa: "Não importa o tempo que as coisas duram, mas a intensidade com que acontecem". E será que isso é bom? Ou será que é ruim? Bom ou ruim, esse é o mundo em que vivemos. Como diriam os mais jovens, é o que temos para hoje. Portanto, não adianta chorar, rolar no chão, espernear. O que nos resta é aceitar. Aceitar que as coisas não são mais como eram antigamente. Aceitar que o futuro é agora. Aceitar que estamos todos na chuva e nos resta decidir se vamos nos molhar, abrir um guarda--chuva ou dançar na chuva. Sábio, Alvin Toffler, com sua iluminada postura, disse: "O analfabeto do século XXI não será aquele que não consegue ler e escrever, mas aquele que não consegue aprender, desaprender e reaprender".

## Marina Campos

Estamos vivendo com a sensação de que nunca estamos suficientemente preparados, de que nunca estamos prontos. E esse é o ponto. O mundo não vai nos esperar. Precisamos, gostando ou não, aprender a viver neste mundo que não vai nos esperar. Infelizmente ou felizmente, a realidade que estamos vivendo hoje nos exige que pulemos e possamos descobrir como abrir as asas enquanto estivermos caindo. Assustador? Libertador? Exagero? Realidade?

O próprio termo "Mundo VUCA" (traduzido para o português como mundo volátil, incerto, complexo e ambíguo) parece, algumas vezes, já estar desatualizado, pois até mesmo ele, o tal de "Mundo VUCA", já foi. E aí nos perguntamos: para onde vamos? E agora? O que faremos?

E, quase chegando ao final deste livro, digo que estamos vivendo um ciclo. E assim como eu disse no início, é um processo de cultivo, de cuidado, de construção, que exige, mais do que nunca, um mergulho no ser, um verdadeiro, profundo e

# É possível?

sincero processo de autoconhecimento, para que possamos, então, construir um mundo e uma vida com possibilidade de escolha. Escolhas conscientes, escolhas verdadeiras que, mesmo que sejam passageiras, serão escolhas que certamente serão muito bem aproveitadas e vividas. Toda escolha exige uma renúncia. Temos que aprender a dizer "não". Precisamos parar de agir em manada, precisamos parar de ir para onde todos estão indo sem rumo, precisamos deixar de fazer o que todos estão fazendo e aprender a importância e o verdadeiro significado da palavra "não". E ao dizer "não" para alguma coisa, de forma consciente e presente, na maioria dos casos estamos dizendo "sim" para nós. Para nossa vida, para nosso cuidado, para nosso cultivo. Por isso o ciclo. Por isso o PROCESSO DE CULTIVO.

# Capítulo 9: Vulnerabilidade

## Marina Campos

"É preciso amor pra poder pulsar, é preciso paz pra poder sorrir, é preciso a chuva para florir. Todo mundo ama um dia, todo mundo chora, um dia a gente chega e no outro vai embora."
(Almir Sater e Renato Teixeira)

**A** maioria das pessoas quando ouve a palavra "vulnerabilidade" logo pensa em fraqueza, em fragilidade, em falta de coragem. Eu era uma dessas pessoas, que até pouco tempo associava vulnerabilidade com falta de força. Surpreendi-me muito ao aprender e aplicar, na minha própria vida, essa importante habilidade, essa ferramenta tão linda.

# É possível?

Somos criados para ser fortes. Passamos a vida toda ouvindo que não podemos demonstrar nossos pontos fracos. E nossos pais foram criados assim, e nossos avós também. Entretanto, olhar para as nossas fraquezas, abraçar nossas imperfeições, acolher-nos quando estamos tristes, não é sinal de que não somos fortes, é um verdadeiro ato de coragem, é permitir-se viver a vida, com tudo aquilo que se apresenta. É permitir que sejamos humanos, abraçando as nossas imperfeições.

Na cultura japonesa existe um termo, o Kintsugui, que significa juntar, colar com ouro, daí a filosofia de juntar, abraçar as imperfeições. Quando algo como um vaso ou um prato se quebra, os japoneses não utilizam cola transparente para disfarçar e consertar o objeto, mas, sim, cola dourada, para exatamente mostrar que aquilo fez parte da história daquele vaso, daquele prato ou daquele objeto. Uma demonstração de que não há nada de errado com isso, pelo contrário. Que quebrou, sim, mas que colou e tudo bem, vida que segue. O objeto quebrado e colado, com a cola dourada, volta a ser utilizado normalmente e, acreditem, fica ainda mais bonito do que antes.

Realmente fascinante, mas, infelizmente, muito difícil essa teoria ser, de fato, aplicada na vida prática. Geralmente, o que acontece com todos nós, seres humanos e, portanto, imperfeitos, é justamente o contrário. Quando algo se quebra em nossas vidas, ou seja, quando algo diferente daquilo que imaginávamos acontece, fazemos o possível para disfarçar, para fingir que aquilo não aconteceu. E esse é o ponto que quero discutir neste capítulo, esse é o grande problema. O problema que vem se tornando cada vez maior. Nunca, em toda a história da humanidade, houve tanta gente com depressão, tanta gente com síndrome do pânico, tanta gente que por excesso de cobrança, que por se sentir o tempo todo insuficiente e insatisfeita, acaba desenvolvendo algum tipo de problema psicológico.

# É possível?

O ponto é, justamente, aprender, entender e aplicar a vulnerabilidade. Entender que tudo bem quando, às vezes, as coisas não estão bem. Que isso é só a vida sendo a vida. Que não existe alegria para quem nunca sentiu tristeza, assim como não existe o frio para quem nunca sentiu calor. A grande questão é que, principalmente nos últimos tempos, nós não conseguimos aceitar quando as coisas não estão bem. Cada vez mais vivemos num mundo, numa sociedade que nos obriga a estar feliz o tempo todo. É uma cobrança violenta de que temos que estar bem. Uma crença de que, se não estamos bem, algo de muito errado está acontecendo conosco.

Arriscaria dizer que ao exercitar, praticar e cultivar a vulnerabilidade, a vida fica mais leve. Passamos a nos tratar com carinho, a entender que se algo não der certo, se algo de ruim acontecer (e vai acontecer), nós estamos aqui, nós estamos aqui para cuidar de nós mesmos. Difícil isso?

## Marina Campos

Muito! Mas assim como todas as outras habilidades apresentadas neste livro, a vulnerabilidade exige treino, exige dedicação, exige prática. Temos que parar de nos tratar com tanta rigidez, com tanta brutalidade, com tanta falta de amor. Temos que aprender a ser para nós aquilo que somos para as pessoas que mais amamos. Temos que aprender a cuidar de nós como cuidamos, por exemplo, dos nossos filhos. Com ternura, com compreensão, com carinho, com amor. Temos que aprender a abraçar nossas imperfeições, e deixar de ter tanto medo das nossas falhas.

Nós vamos falhar, claro que vamos. Somos seres humanos, somos seres perfeitos com as nossas imperfeições, somos todos passíveis de erros. E quando aprendermos a nos tratar com carinho, quando aprendermos que somos os nossos melhores amigos, deixaremos de ter tanto medo de falhar, nos conectaremos mais conosco, aceitaremos mais as outras pessoas, que, assim como nós, também erram e, novamente,

# É possível?

como descrito no capítulo Conexão, ativaremos o ciclo confiança – conexão – coragem. E ao nos conectarmos conosco, abraçarmos as nossas imperfeições e ao nos tratarmos com carinho, liberamos ocitocina. E ao liberarmos ocitocina, nos sentimos seguros e fortes.

Uma descoberta absolutamente fascinante, um verdadeiro presente que a neurociência nos deu. Resta-nos, agora, usufruir, exercitar, colocar em prática essa tão intrigante ferramenta: "a vulnerabilidade".

Temos, sim, que olhar para nossas forças, saber e conhecer profundamente tudo que fazemos bem, tudo em que somos bons. Mas assim como é importante conhecer nossos pontos fortes, é fundamental conhecer, aceitar e abraçar nossas fraquezas, nossas imperfeições. Isso é autoconhecimento, isso é exercitar a vulnerabilidade.

Quando assim agimos, quando olhamos para nossa vulnerabilidade e aceitamos nossas imperfeições, temos a grande oportunidade de exercitar a conexão. Temos o grande presente de nos conectar

## Marina Campos

às pessoas. E é aí que nasce o próximo grande salto da nossa evolução: "a cooperação". É aí que nasce a junção das forças. Aí acontece a mágica da união das forças, da junção dos potenciais, a multiplicação. A mágica da matemática: quando você divide, você multiplica. Ao olhar para onde eu não sou bom, tenho a oportunidade de me conectar com uma pessoa que é. Ao fazer isso, eu somo, eu agrego, eu multiplico. E, assim, hoje, a vulnerabilidade vem sendo uma das competências comportamentais mais importantes e mais necessárias, principalmente no mercado de trabalho.

# Capítulo 10: É possível

## Marina Campos

> A inteligência emocional não é
> uma busca, mas um encontro, um
> treino, um caminhar consciente.

**E**stamos todos querendo tudo, o tempo todo e ao mesmo tempo. Uma busca, uma pressa, uma necessidade que nem nós mesmos sabemos por quê.
Aonde queremos de fato chegar?
Qual a meta?
Passamos os dias correndo, nos cobrando, nos culpando. Por quê? Para quê?
Muitas perguntas? Poucas respostas?
Elas estão todas aí, as perguntas e as respostas, as forças e as fraquezas, a felicidade

# É possível?

e a tristeza, o quente e o frio, o bom e o ruim, todas elas dentro de cada um de nós.

Assustador e, ao mesmo tempo, libertador, quando percebemos que não tem linha de chegada, não tem final, não tem o melhor e o pior. A vida não pode ser vivida como uma viagem, pois numa viagem estamos o tempo todo querendo chegar a algum lugar. A vida tem que ser vivida como um passeio, como um encontro, como um cultivo.

E aqui, bem aqui, neste último capítulo do livro, que para alguns é o final e para outros é o começo, vou finalizando, discorrendo sobre a importância do exercício da gratidão. Essa é a grande ferramenta, a maravilhosa habilidade, uma das mais poderosas competências comportamentais que a ciência, com tanta maestria, nos apresenta. Ela é a chave, o passaporte, a entrada para esse passeio chamado vida. Ao exercitarmos a gratidão, treinamos nosso cérebro a "olhar" para aquilo que está bom.

Treinar? Como assim treinar?

## Marina Campos

Temos no nosso cérebro o chamado "viés de negatividade". Nossa espécie não evoluiu para ser feliz, nossa espécie evoluiu para sobreviver. E aí está o ponto. Somos "feitos" para sobreviver, para nos defender, para lutar ou fugir. Se os nossos ancestrais, há milhões de anos, ficassem admirando a beleza do céu azul, apreciando o perfume das flores e contemplando o verde das matas, certamente teriam sido devorados por um leão. E nenhum de nós estaria aqui agora, nem para contar, nem para ler esta história.

Era necessário lutar ou fugir. Essa era a regra da sobrevivência, essa era a meta: viver, ou melhor, sobreviver. A estrutura mais antiga que temos no nosso cérebro é a amígdala cerebral, região responsável por nos fazer lutar ou fugir, isto é, resolver o problema. Foi graças a essa região do cérebro e aos "comandos" dados por ela que podemos estar hoje aqui, que a nossa espécie perpetuou.

Hoje, graças a toda evolução, não precisamos mais lutar ou fugir a todo tempo.

# É possível?

Não precisamos mais lutar para sobreviver. Pode parecer estranha essa afirmação, mas vivemos hoje em ambientes infinitamente mais seguros do que aqueles que os nossos ancestrais viveram. Chegou a hora, portanto, de "utilizarmos mais" o córtex pré-frontal. Uma região formada mais recentemente, se levarmos em consideração a evolução da nossa espécie, que faz com que tenhamos a capacidade de analisar, de planejar, de criar.

O córtex pré-frontal é a região responsável por nos fazer acordar todos os dias e ter a capacidade de escolher, de antever, de viver. De não nos deixar "ir levando", ir vivendo, ir passando. Uma região capaz de não nos deixar viver no piloto automático da vida. Afinal, como dizem nos ditados das redes sociais, a vida não é só acordar, pagar conta, resolver problema e dormir. A vida pode ser muito mais do que isso.

Mas para que seja, é necessário aprender, entender e cultivar. E esse é o propósito deste livro, esse é o meu propósito.

## Marina Campos

Levar, para cada vez mais pessoas, o conhecimento sobre a possibilidade que temos de escolha. Por isso a minha frase no início deste capítulo, por isso a insistência em dizer que a felicidade, a vida, a inteligência emocional não são uma busca, não são metas, não são o final, mas, sim, o começo, um treino, um encontro, um caminhar consciente.

Mas tudo exige planejamento. Exige entendermos e aceitarmos que, muitas vezes, o menos é mais. Exige que muitas vezes aprendamos a simplificar, para que possamos contemplar, encontrar, cultivar.

Em nossas atividades profissionais, sabemos de forma tão brilhante fazer o planejamento estratégico e utilizar as ferramentas de gestão da qualidade. Sabemos definir o propósito, a missão, a visão das nossas empresas. Sabemos exatamente a Matriz SWOT e os objetivos estratégicos das nossas organizações. Em processos de auditoria, quando somos avaliados, somos capazes de dizer absolutamente tudo sobre a empresa onde trabalhamos.

# É possível?

Entretanto, quando o assunto somos nós, a realidade é um pouco diferente. Temos muita dificuldade em expressar, falar, contar sobre o nosso propósito, sobre a nossa missão, sobre a nossa visão. Entender as nossas fraquezas, as nossas forças, as nossas oportunidades de melhoria e as nossas ameaças são um grande desafio. Precisamos aprender a conhecer as nossas competências comportamentais, precisamos aprender como desenvolvê-las e como utilizá-las da melhor forma. Precisamos aumentar a cada dia o nosso processo de autoconhecimento. Conhecer a nós mesmos como conhecemos a empresa onde trabalhamos. Afinal, somos a nossa casa, somos o nosso lar. Precisamos aprender os caminhos que a nossa mente e nosso coração percorrem. Precisamos aprender a lidar da melhor forma com as nossas emoções e com as emoções das outras pessoas. Precisamos aprender quais coisas, pessoas e momentos nos fazem bem, e quais não fazem. Aprender a dizer sim para as escolhas certas e não para as erradas.

## Marina Campos

Voltando ao exemplo de ouvirmos nossas duas músicas favoritas ao mesmo tempo, nos espanta percebermos que estamos fazendo exatamente isso com nossas vidas. Estamos fazendo tudo que mais gostamos o tempo todo e ao mesmo tempo. Assim, por muitos momentos, estamos tendo a sensação de que não estamos vivendo a vida, de que o tempo está passando muito rápido, como dizemos a todo momento. Ao vivermos a vida como se estivéssemos escutando nossas duas, três ou quatro músicas favoritas ao mesmo tempo, perdemos a oportunidade de desfrutar cada uma das músicas, no seu tempo, no seu ritmo, na sua nota. E aí a vida passa. E aí a vida acaba. E aí a gente não ouviu, a gente não aproveitou, a gente não viveu.
Triste? Assustador? Realidade?
E o que fazer então? E como fazer para viver?
- Vivendo.
- Aprendendo.
- Treinando.

# É possível?

- Desfrutando.
- Cultivando.
- Afinando o nosso instrumento chamado vida todos os dias.

Quando estiver trabalhando, trabalhe. Quando estiver descansando, descanse. Quando estiver comendo, coma. Quando estiver brincando, brinque. E, finalmente, quando estiver vivendo, VIVA.

É possível?

Cultive o SER e aprenda a ESTAR.

Esse é o convite deste livro. Com muito amor, com muito propósito e muita conexão, este livro é o resultado de tudo o que tenho estudado nos últimos 12 anos da minha vida e tenho o prazer de compartilhar com todos vocês.

E o que é, portanto, a vida em alta **performance**? Digo com toda a segurança e com todo meu coração: é a vida que você escolheu ser vivida. Você é a história que você conta sobre sua história. Não desperdice. Faça valer a pena. Esse é meu convite, meu desafio e o meu propósito.

**É POSSÍVEL!**